MÉMOIRE

POUR LES

PROPRIÉTAIRES ET HABITANTS ABSENTS

DES

PROVINCES BELGIQUES,

qui n'ont cessé d'être sujets de

S. M. L'EMPEREUR ET ROI;

qu'au

moment de la cession de ces provinces, faite

à la République Françoise par l'Article 3.

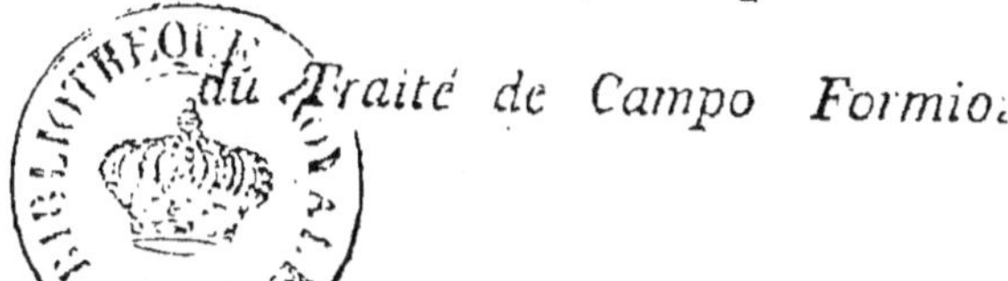

du Traité de Campo Formio.

1798.

§. 1.

La Souveraineté des provinces Belgiques appartenoit incontestablement à la Maison d'Autriche.

§. 2.

La France l'a avoué elle-même, en se faisant céder les droits de cette Maison sur la Belgique par l'art. 3. du traité de Campo Formio. *)

§. 3.

Il résulte de cette cession que la République françoise a reconnu, que ni la conquête, qu'elle avoit faite des pays-bas Autrichiens, qui n'étoit

A 2

---

*) „S. M. l'Empereur, Roi de Hongrie & de Boheme, renonce pour elle & pour ses successeurs, en faveur de la République françoise, à tous ses droits & titres sur les ci-devant provinces Belgiques, connues sous le nom de pays-bas Autrichiens. La République françoise possedera ces pays à perpétuité, en toute souveraineté & propriété, & avec tous les biens territoriaux, qui en dépendent. "

qu'une occupation, ni les décrets, en vertu des quels elle les avoit réunis à la République, ne formoient un titre suffisant pour lui assurer un droit légal sur ces provinces; car sans cela elle n'en auroit pas exigé la cession.

§. 4.

Les habitans & propriétaires des provinces Belgiques sont donc demeurés incontestablement sujets de S. M. l'Empereur & Roi jusqu'au moment de la cession de ces provinces faite à la France par leur légitime Souverain, & d'après les principes universellement reconnus du droit des gens, ils n'ont pu être déliés du serment de fidélité, qu'ils lui avoient prêté, qu'à cette Epoque.

§. 5.

L'engagement des sujets envers leur gouvernement, étant réciproque, il ne dépend pas de ceux-là de le rompre à volonté; sans quoi, au premier revers d'une guerre malheureuse, le gouvernement se trouveroit abandonné & toute résistance deviendroit impossible. La République françoise a ſi bien ſenti la vérité de ce principe, que loin de délier, pendant la derniere guerre, les habitans des parties conquiſes de la France de leur ferment de fidélité, elle leur a au contraire ordonné d'a-bandonner ſur le champ leurs foyers pour ſe re-tirer dans l'intérieur de la République & a défen-du, ſous peine de mort à ceux qui ſont reſtés, d'occuper aucun emploi civil ou militaire dans les parties conquiſes de ſon territoire, peine qui a été rigoureuſement infligée à tous ceux, qui ont déſobéi & qu'on a pu ſaiſir. Les decrets rendus ſur cette matiere en 1792 & 1793, lors de la priſe de Longwy, Valencienne, Quesnoi, Condé, de la Baſſe Alſace &c. en font foi.

§. 6.

Si donc, de l'aveu du gouvernement françois, la conquête ne diſpenſe pas les habitans du pays conquis, *même durant le tems de l'occupation*, de l'obéiſſance, qu'ils doivent à leur légitime Souve-rain, & ne les délie point du ferment de fidélité, qu'ils lui ont prêté, ils ne peuvent pas devenir coupables, en y perſiſtant jusqu'à ce qu'un traité entre les puiſſances belligérantes les ait rendus à leur ancienne patrie, ou qu'en les déliant légalement de leurs engagemens précédents, il les ait autoriſés à en contracter de nouveaux.

§. 7.

L'interêt réciproque de tous les peuples de la terre, l'impoſſibilité de maintenir autrement ces grandes aſſociations humaines, qu'on appelle Nations, ont conſacré ce principe du droit des gens, ſans lequel les états ſeroient expoſés à des convulſions perpétuelles. Que ſignifieroient en effet les ſermens de fidélité, qu'on exige des ſujets ou des citoyens, ſi au premier revers tous ces engagemens étoient rompus; s'il n'exiſtoit plus d'autre loi que la force? loin que ces formalités fuſſent utiles, il eſt évident qu'elles ne ſerviroient, qu'à peupler la terre de parjures, qu'à démoraliſer les hommes; car s'il pouvoit une fois être reçu comme principe de droit public univerſel, qu'une ruine totale, un malheur ſans fin, ſont le ſort inévitable de tout ſujet ou citoyen fidele à ſon gouvernement, tandis que la fortune, des honneurs, des dignités deviendroient la récompenfe affurée du fujet ou citoyen parjure, il n'y auroit bientot plus ni Monarchies ni Républiques, ni Ariftocraties ni Démocraties, ni aucune efpéce de gouvernement fur la terre.

§. 8.

Il eft donc bien certain, & la France en convient, 1°. que la conquète ne dégage pas les fujets ou citoyens du ferment de fidélité, qu'ils doivent à leur légitime Souverain (§. 5.) 2°. que par une conféquence néceffaire de ce principe les engagements facrés des ci-devant fujets Belges, préfents ou abfents, envers S. M. l'Empereur & Roi, n'ont été rompus, que par l'art. 3. du traité de Campo Formio, portant ceffion des provinces Belgiques en faveur de la République françoife. 3°. que jusqu'au moment de la fignature de ce traité, ils n'ont pas ceffé d'être liés par leur ferment de fidélité à S. M. l'Empereur & Roi, & font reftés fes fujets.

(8)

§. 9.

Si on applique actuellement ces principes à l'art. 9. du traité de Campo Formio *), il en résultera évidemment, 1°. que les sujets Belges abſents ne peuvent ſous aucun raport être regardés comme émigrés, dans le ſens que la République françoiſe attache à ce mot. 2°. Que tous les Belges abſents, ſans aucune exception, ſe trouvent néceſſairement compris dans la claſſe des habitants ou propriétaires de l'ancienne Belgique, en faveur des quels l'art. 9. du traité a prononcé une amniſtie générale.

---

*) „Dans tous les pays cédés, acquis, ou échangés par le préſent traité, il ſera accordé à tous les habitants & propriétaires *quelconques* main levée du ſéqueſtre mis ſur les biens, effets ou revenus à cauſe de la guerre, qui a eu lieu entre S. M. I. & Royale & la République françoiſe, ſans qu'à cet égard ils puiſſent être inquiétés dans leurs biens ou perſonnes. Ceux qui à l'avenir voudroient ceſſer d'habiter les dits pays, feront tenus d'en faire la déclaration trois mois après la publication du traité de paix definitif. Ils auront le terme de trois ans pour vendre leurs biens, meubles & immeubles, ou en diſpoſer à leur volonté. ‟

§. 10.

Les Belges abſents ne peuvent point ètre conſidérés, comme émigrés dans le ſens des émigrés françois. *) 1°. Parceque, pour ètre émigré, il faut ètre né françois ou avoir été naturaliſé tel; or les Belges ſont nés Autrichiens & n'ont pas ceſſé de l'ètre jusqu'au moment de la ſignature du traité: donc aux termes du décret du 25 Brumaire, an 3, ils ne ſont, ni ne peuvent ètre émigrés. 2°. Parceque la République françoiſe a reconnu (§.5.) que la conquête d'un pays ne diſpenſoit pas les ſujets ou citoyens de reſter fideles à leur légitime Souverain. 3°. Parceque la réunion, qu'elle avoit faite de la Belgique, n'étoit qu'une meſure proviſoire, ainſi que tous les decrets, qui en ont été la ſuite, ce pays n'ayant ceſſé légalement d'appartenir à la maiſon d'Autriche & les ſujets n'ayant été légalement déliés de leur ſerment de fi-

*)„Eſt Emigré, tout Francois, qui, ſorti du territoire de la république depuis le 1. Juillet 1789, n'y étoit pas rentré au 9 May 1792." Loi concernant les Emigrés du 25 Brumaire an 3, titre 1. ſect., 1. art. 1".

délité envers S. M. I. & R., que par la ceſſion de la Belgique, contenue en l'art. 3. du traité de Campo Formio. Si en effet la République françoiſe avoit regardé la réunion prononcée par ſes decrets comme un titre ſuffiſant, elle n'en auroit pas fait un art. principal de ce traité. On n'exige pas d'un tiers la ceſſion d'une choſe, qu'on prétend poſſeder légitimement & à laquelle on ne lui reconnoit point de droits. 4°· Parceque les Belges ne pouvoient pas, ſans devenir parjures, renoncer à l'obéiſſance, qu'ils devoient à leur Souverain légitime, auſſi long tems, qu'il ne leur avoit pas laiſſé par un traité formel la liberté de ſe dégager du ſerment de fidélité, qu'ils lui avoient prêté, *ou d'y perſiſter en ſe retirant dans ſes autres états,* conformément à l'art. 9 du traité. 5°· Parceque S. M. l'Empereur & Roi avoit un égal droit à la fidélité de ſes ſujets Belges, *même après la conquête,* que la République françoiſe avoit à celle des habitants des départemens conquis en 1792 & 1793 par les troupes impériales. 6°· Parceque les ſujets Belges, ainſi que les citoyens françois, étoient autorisés par le droit des gens à se retirer, s'ils le jugoient à propos, dans la partie non conquise des états de leur Souverain; chose que la France a particulierement exigée de ses citoyens par ses decrets (§. 5.), & dont par conséquent elle ne peut pas faire un crime aux sujets fideles d'un autre Souverain. 7° Parcequ'indépendement, qu'une telle action est permise à tout sujet fidele , elle devenoit un devoir pour ceux des Belges , qui occupoient des emplois civils ou militaires au service de leur prince.

§. 11.

Il suit de là, que les differents décrets, qui ont déclaré émigrés les Belges absents n'étoit qu'une mesure provisoire, dont l'effet a du cesser par l'art. 9. du traité de Campo Formio, qui a prononcé l'amnistie la plus complette en faveur des habitants & propriétaires de la Belgique, sans faire aucune distinction des présents ou des absents. Cette distinction étoit d'ailleurs d'autant moins admissible, que l'art. 9. accorde positivement & sans restriction à tous les habitants & propriétaires Belges la liberté de devenir françois, ou de se retirer dans les états de leur ancien Souverain, en leur donnant dans ce dernier cas trois mois pour faire leur choix, & trois ans pour vendre leurs propriétés. Cette derniere disposition est une preuve sans replique, que jusqu'au moment de la signature du traité, la France les a reconnus pour sujets de S. M. l'Empereur & Roi. Donc jusqu'à cette époque ils sont restés étrangers à l'égard de la France ; donc leurs biens, comme ceux de tout autre étranger, n'ont été d'abord sequestrés, puis confisqués, qu'à l'occasion de la guerre. Dans quel tems en effet les Belges auroient-ils pu devenir émigrés françois ; puisque même après la signature du traité, ils étoient encore les maitres, *du consentement de la France*, de continuer à demeurer sujets Autrichiens ?

§. 12.

Les ministres de S. M. l'Empereur & Roi n'ont pas pu d'apres cela s'exprimer autrement, qu'ils ne l'ont fait dans l'art. 9. du traité de Campo Formio, à l'égard des Belges, & ils y ont été d'autant plus

autorisés, que la conquête, de l'aveu du gouvernement françois, n'ôtant pas la qualité de sujets
(§. 5.), ils ont du croire, qu'en stipulant une
amnistie générale en faveur *de tous les habitants &*
propriétaires des provinces Belgiques, il étoit impossible, de faire aucune distinction entre les individus
présents ou absents, puisque tous jusqu'au moment
de la cession étoient également demeurés sujets de
S. M. l'Empereur & Roi.

§. 13.

Les obstacles que les ci-devant Belges absents
de leur pays éprouvent en ce moment, pour jouir
du bénéfice de l'art. 9. du traité de Campo Formio, ne peuvent donc venir, que d'un malen-
tendu de la part du gouvernement françois; car il
n'y a aucun doute, comme on vient de le voir,
1°· que la qualité d'émigré françois ne leur est en
aucune maniere applicable; 2°· que si l'on trou-
voit quelque louche dans l'art. 9. du traité, ils
ont le droit incontestable de recourir à la protec-
tion de S. M. I. & R., dont ils peuvent même,
s'ils le préferent, continuer à demeurer les sujets,

en en faifant la déclaration dans les trois mois, qui fuivent la publication du traité ; 3° qu'étant de principe de droit public, qu'on ne peut rien ôter, ajouter, ni changer à un traité une fois figné, fans le confentement réciproque des parties contractantes, & l'art. 9. du traité de Campo Formio n'exceptant perfonne de l'amniftie générale, il eft impoffible de fuppofer, que le gouvernement françois, qui a toujours montré une exactitude fi fcrupuleufe à tenir les engagemens, qu'il contractoit, refufe de fe rendre aux raifons déduites ci-deffus, fur tout fi elles lui font repréfentées au nom de S. M. l'Empereur & Roi.

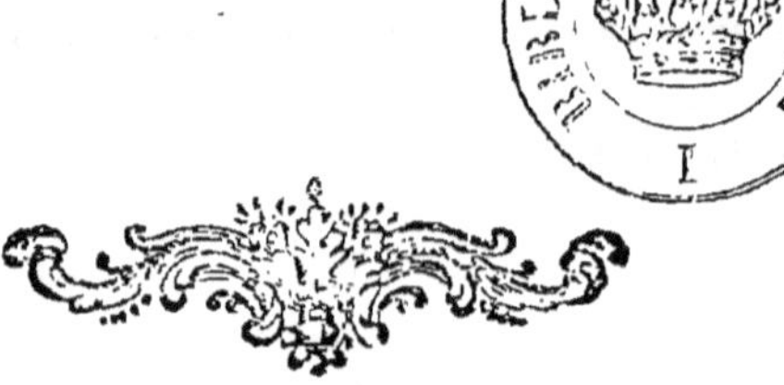